Armer böser Wolf

Erschienen im:

Torhaus Verlag
Hauptstraße 19 A
D-54578 Oberehe-Stroheich

ISBN 978-3-9821296-0-0

1. Auflage 2019

Text und Idee: Andreas Preysing
Illustration und Grafik: Alireza Darvish,www.alireza-darvish.com
Lektorat: Niko Ballestrem
Druck und Bindung: Livonia Print, Riga
Buchbestellung: info@torhaus-verlag.de
Info und Hörbuch: www.torhaus-verlag.de

Armer böser Wolf

Für Johanna und Egon

EDITION TORHAUS

Armer Wolf, zerzaust und mager,
was hat man aus ihm gemacht?
Schleicht auf müden, kalten Pfoten
durch die winterliche Nacht.

Niemand, dem er hier begegnet,
hat ein gutes Wort für ihn.
Keiner mag ihn. Keiner traut ihm.
Keiner liebt den Isegrim.

Freunde hat er nicht mehr einen.
Doch man darf auch nicht vergessen:
Statt zu spielen mit den Kleinen,
wollt' er sie halt lieber fressen.

Kommt der Wolf nur um die Ecke,
sind schnell alle fortgerannt.
Sieht ein Jäger ihn spazieren,
kriegt er was aufs Fell gebrannt.

Müde, schwach und durchgefroren
klopft er nun an eine Tür.

„Ist da jemand?", ruft's von drinnen.
„Ja, ich bin's, der Wolf ist hier!"

„Wolf, hau ab, ich ruf den Jäger!",
sagt die Stimme aufgeregt.

Pech, dass er nun ausgerechnet
vor dem Haus der Geißlein steht.

„Jäger, Jäger, ruf den Jäger!' –
fällt euch denn nichts Bess'res ein?
Lasst mich rein, nur für ein Weilchen!"
Doch die Geißlein schreien: „Nein!"

„Macht doch, was ihr wollt, ihr Ziegen,
ich kann auch alleine sein."
Und dann stapft der Wolf beleidigt
weiter in den Forst hinein.

Endlich wieder in der Ferne
steht ein Häuschen in der Nacht.
Ob man hier dem Wolf wohl gerne
heute noch die Tür aufmacht?

„Wer ist da?", ruft eine Oma.
„Wer steht da vor unser'm Tor?"

„Ich, der Wolf, ich wollt' nur fragen..."
„Schnell, Rotkäppchen, Riegel vor!"

Weiter geht's auf kalten Tatzen,
dort am Schloss brennt auch noch Licht.

Aufgeregt schreit die Prinzessin:
„Fort mit dir, du Bösewicht!"

Ach, die Nacht wird immer schwärzer,
immer weiter fällt der Schnee.
„Ist das etwa nun mein Ende?",
heult der Wolf. „Oh jemine!"

Plötzlich kommt dort aus den Büschen
ein betagter Fuchs daher.
Hinter ihm mit schweren Schritten
folgt ein großer, alter Bär.

„Hallo, Wolf!", hört man sie raunen.
„Bist du auch so müd' und schwach?
Niemand öffnet uns die Türe!
Niemand hat Erbarmen, ach!"

Ja, die alten drei Halunken
haben nur den einen Wunsch:
Warmes Essen und ein Bettchen...
Plötzlich ruft da jemand: „Punsch!"

„Punsch, die Herren, heiße Suppe?"
Ist das wirklich auch kein Traum?
Aber nein, Familie Wichtel
richtet grad den Weihnachtsbaum.

„Frohe Weihnacht, lieber Wolf,
und frohe Weihnacht, Fuchs und Bär!"
Nein, an so ein Weihnachtswunder
glaubte heute keiner mehr.

Und so feiern sie gemeinsam
Weihnachten im Wichtelland,
singen fröhlich fromme Lieder
mit den Wichteln Hand in Hand.

Nun beginnt der Wald zu leuchten,
alle schauen auf den Stern.
Jeder hat sich heute gerne –
aber nicht zum Fressen gern!

Und am Ende dieser Feier
sprach zum Abschied dann der Wicht:
„Lieber Wolf, das lass dir raten:
Gute Freunde frisst man nicht!"

Freunde hat der Wolf nun viele,
und seit jenem Weihnachtstag
nimmt statt Fleisch er mehr Gemüse,
auch wenn er es nicht so mag.

Ende

Das Märchen vom bösen Wolf

Wir alle kennen sie, die alten, schaurig-schönen Geschichten vom „bösen Wolf", der sich hinterlistig Zutritt zu den Häusern von Mensch und Tier verschafft. Immer mit dem einen Ziel: alle Bewohner mit Haut und Haaren zu verschlingen. Am Schluss geht es dem „Bösewicht" meist selbst an den Kragen. Diese Bilder prägen seit jeher die kindliche Fantasie und Vorstellung. Dass der Wolf noch heute als gefährlich und angriffslustig gilt, kommt daher nicht von ungefähr.

So beschrieb das **„Grosse vollständige Universal-Lexicon"** aus dem Jahr 1758 den Wolf folgendermaßen: Er sei „gar sehr gefräßig, grausam, arglistig, und der gefährlichste Feind der wilden und zahmen Thiere, sonderlich der Schaafe", ferner das „schädlichste Geschöpf Gottes", welches „die Menschen angreiffet, zerreisset und frisset". (Quelle: Wikipedia)

Seinen schlechten Ruf bekam der Wolf angedichtet, nachdem er in Zeiten anhaltender Armut einer immer weiter wachsenden Landbevölkerung zum Nahrungsmittelkonkurrenten des Menschen geworden war. Das betraf vor allem das Wild in den Wäldern, aber auch die Haus- und Nutztiere der Bauern.

Die starke Rodung großer Waldflächen für die Gewinnung von Bauholz in Verbindung mit der starken Ausbreitung menschlicher Siedlungs- und Agrarflächen, aber auch die offene Viehhaltung sowie die bis ins 19. Jahrhundert verbreitete sogenannte Waldweide von Rindern, Schafen, Schweinen und Pferden führten damals zu zahlreichen Nutz- und Haustierverlusten durch Wölfe. In der Folge wurden die Vorfahren unserer Hunde von der Landbevölkerung regelrecht verteufelt und unbarmherzig gejagt. Auch wegen teils hoher Kopfgeld-Prämien gingen die Bestände im Laufe der Zeit stark zurück. Im 20. Jahrhundert galt der Wolf, der im Mittelalter noch ganz Europa besiedelt hatte, als nahezu vollständig ausgerottet.

Etwa seit dem Jahr 1996 gibt es auch in Deutschland wieder Wölfe, die unter anderem aus Osteuropa eingewandert sind. Tierschützer freuen sich über die wachsenden Populationen. Gleichzeitig regt sich aber auch wieder die alte Angst.

Hat der Wolf seinen schlechten Ruf verdient? Ist er wirklich das gefräßige und hinterlistige Raubtier, das Menschen angreift, so wie in zahllosen Geschichten, Märchen und Fabeln beschrieben?

Unsere **Geschichte vom armen bösen Wolf** ist natürlich auch nur ein Märchen, und dass Wölfe am Ende lieber Gemüse fressen, ist natürlich frei erfunden. Indem unser Buch den Wolf nicht als grimmiges Monster darstellt, regt es aber vielleicht dazu an, neu über Vorurteile nachzudenken.

10 Dinge, die du über Wölfe wissen solltest!

1.   WÖLFE – SO ERKENNT MAN SIE

Mitteleuropäische Wölfe wiegen durchschnittlich 40 Kilogramm. In anderen Regionen kann es auch das Doppelte sein. Aufgrund ihrer Erscheinung und mit einer Schulterhöhe von etwa 75 Zentimetern ähneln sie dem Deutschen Schäferhund. Zu den typischen Merkmalen der ocker-grauen bis rötlich-grauen Wölfe in Europa gehören die gerade Rückenlinie, der Schwanz mit schwarzer Spitze, eine helle Unterseite der Schnauze und der dunkle Rücken.

2.   WÖLFE UND IHRE VERWANDTSCHAFT

Den Wolf hat der Mensch als erstes Wildtier überhaupt domestiziert. Der heutige Haushund stammt vom Grauwolf ab. Hundehalter in bekannten Wolfsgebieten sollten daher achtsam sein: Manche Wölfe sehen Hunde als Artgenossen und somit als Rivalen an. Um Konflikte zu vermeiden, hilft es, Hunde nah bei sich zu halten. In der Regel ist die Scheu vor dem Menschen größer als das Interesse am Hund.

3.   WÖLFE SIND FAMILIENTIERE

Wölfe leben in Rudeln aus fünf bis zehn Tieren. Das sind das Elternpaar sowie die Jungen der letzten ein bis zwei Jahre. Mit der Geschlechtsreife wandern Jungwölfe im Alter von zirka zwei Jahren ab. In einem neuen Territorium gründen sie ein eigenes Rudel.

4.   WÖLFE SIND SCHNELL UND AUSDAUERND

Mit Spitzengeschwindigkeiten von bis zu 50 Kilometern pro Stunde sind Wölfe ausgezeichnete Jäger. Aber auch auf lange Distanz gelten sie als gute Läufer. Im Trab erreichen sie zehn bis zwölf Kilometer pro Stunde und können am Tag oder in der Nacht bis zu 80 Kilometer Strecke zurücklegen. Wölfe sind außerdem gute Schwimmer.

5.   WÖLFE HABEN SEHR GUTE SINNESORGANE

Wölfe haben einen ausgezeichneten Geruchssinn. Sie können eine bis zu zwei Kilometer entfernte Witterung aufnehmen. Dank ihrer guten Spürnase sind sie in der Lage, andere Tiere auf bis zu 270 Meter gegen den Wind zu wittern. Mit ihren ausgezeichneten Ohren hören Wölfe ihre Artgenossen auf eine Distanz von bis zu neun Kilometern. Mit einem Blickwinkel von 250 Grad (Menschen: 180 Grad) können sie vor allem nachts noch gut sehen. Mit ihren Sinnen sind sie also perfekt ausgestattet für die Jagd.

MERKM

Rückenlinie waagrecht

Häufig dunkler Sattelfleck

Gerader, buschiger Schwanz, meist herabhängend, niemals eingerollt

Häufig schwarze Schwanzspitze

Hochbeiniger als ein Hund

Fell grau-braun mit hellen Zeichnungen

Kopf-Rump

Quelle: Bund Naturschutz in Bayern e.V.

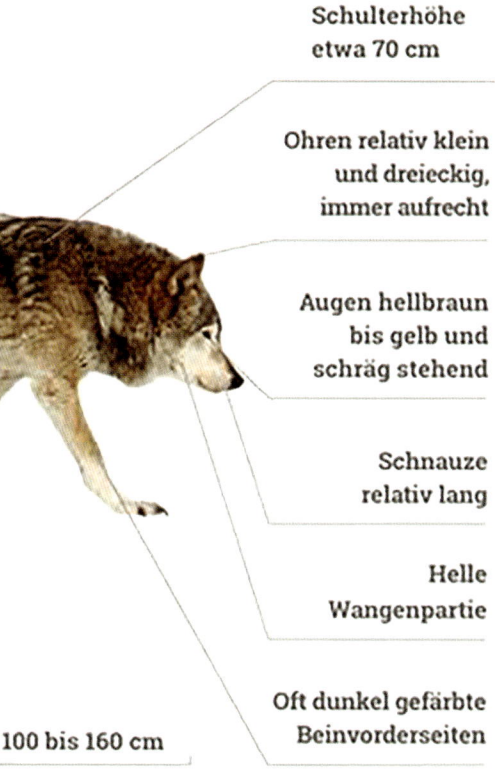

LE WOLF

Schulterhöhe
etwa 70 cm

Ohren relativ klein
und dreieckig,
immer aufrecht

Augen hellbraun
bis gelb und
schräg stehend

Schnauze
relativ lang

Helle
Wangenpartie

Oft dunkel gefärbte
Beinvorderseiten

100 bis 160 cm

6.   WÖLFE HABEN EINEN GESUNDEN APPETIT

Wölfe fressen in freier Natur hauptsächlich Huftiere (z.B. Rehe, Hirsche, Wildschweine) und Kleinsäuger, in nahrungsarmen Gegenden auch Aas und Abfälle, an der Küste zusätzlich Fisch. Neben Fleisch fressen Wölfe Beeren, Blätter von Gräsern und Seggen. Die Bestände von Wildtieren gefährden sie nicht, sondern regulieren sie. Wölfe erlegen auch kranke Tiere und lassen Teile der Beute für Aasfresser zurück. Erwachsene Wölfe benötigen für ihren Energiebedarf täglich rund drei Kilogramm Fleisch. Die Nahrungsaufnahme kann je nach Angebot sehr unterschiedlich ausfallen. Erwachsene Tiere fressen bis zu acht Kilogramm auf einmal, kommen aber andererseits bis zu zwei Wochen ohne Nahrung aus.

7.   WÖLFE – WARUM HEULEN SIE

Das prägnante Heulen, das oft in Filmen zu sehen und zu hören ist, hat nichts mit dem Mond zu tun. Wölfe heulen unter anderem, um sich zu versammeln, Rudelmitglieder zu warnen oder Partner für die Paarung zu finden. Den Kopf heben sie nur Richtung Mond, damit ihr Heulen weiter reicht.

8.   WÖLFE IN IHREM REVIER

Durchschnittlich sind Wolfsreviere in Deutschland 250 Quadratkilometer groß. Je mehr Beutetiere es im Revier gibt, desto kürzere Wege legen Wölfe zurück. Sie verteidigen ihre Reviere gegen andere Artgenossen. Da sie ihnen nicht erlauben, in ihrem Territorium zu bleiben, und gleichzeitig immer wieder Tiere das Rudel verlassen, steigt die Zahl der Wölfe in einem Revier nicht beliebig.

9.   WIE ALT WERDEN WÖLFE?

In freier Wildbahn können Wölfe 8 bis 16 Jahre alt werden, in Gefangenschaft bis zu 20 Jahre.

10.   SIND WÖLFE FÜR DEN MENSCH GEFÄHRLICH?

Von einem wildlebenden Wolf geht normalerweise keine Gefahr für uns aus, denn Wölfe sind von Natur aus vorsichtige Tiere, die Begegnungen mit Menschen grundsätzlich meiden. Sie interessieren sich schlicht nicht für uns Menschen – weder nehmen sie uns als Beutetiere, noch als Artgenossen wahr. Trotzdem bleibt der Wolf ein Raubtier, vor dem man immer Respekt wahren und den nötigen Abstand halten sollte. Möglich ist, dass Wölfe bei einer Begegnung erst abwarten, um die Situation besser einschätzen zu können, bevor sie sich zurückziehen, und dass sie dann nicht panisch flüchten, sondern eher gelassen den Rückzug antreten. Welpen können sich dabei neugieriger verhalten als ältere Wölfe. Und dass es auch vereinzelt Angriffe auf Menschen gegeben hat, wollen wir hier nicht verschweigen, es bleibt aber die Ausnahme..

Ebenfalls im Torhaus Verlag erschienen

Der alte Herr Populo
träumt vom Fliegen

ISBN: 978-300040000-1

„Ein Buch von der Freundschaft eines kauzigen alten Mannes mit seinem Vogel. Eine wunderbare Kindergeschichte. Liebevoll illustriert, mit schönen Reimen zum Vorlesen und Selberlesen." (Eltern)

Tag, Herr Dr. Bimmelmann
Die verrückteste Tierpraxis der Welt

ISBN: 978-300029862-2

„Dieses Buch sprüht vor Phantasie. Verrückte Ideen, kindgerecht erzählt. Bringt Jung und Alt zum Lachen und gehört schon deshalb in jedes Kinderzimmer." (FAZ)

Vielen Dank unseren Paten und Sponsoren

Der FLACHGLAS Partner Gruppe mit: FLACHGLAS Sachsen GmbH, FLACHGLAS Sülzfeld GmbH und FLACHGLAS Solutions GmbH.
Ihrem Partner für Isolierglas, Basisglas und Spezialglas.
Weitere Informationen unter:

http://www.flachglas-partner.de

Der Tourist-Information der Kreisstadt Merzig und dem Team vom „Wolfspark Werner Freund", das seit über 42 Jahren Verhaltensforschung an Wölfen aus aller Welt betreibt.
Wer Wölfe in ihrem natürlichen Lebensraum beobachten und erleben will, kann im Merziger Kammerforst bei freiem Eintritt eine Menge über die faszinierenden Tiere erfahren. Unser Dank gilt auch Tatjana Schneider, die den Wolfspark in Merzig seit dem Tod des Gründers Werner Freund in dessen Sinne mit Herz und Seele weiterführt.
Frau Schneider hat uns sehr mit ihrem Wissen über Wölfe unterstützt.

Weitere Infos findet ihr hier:

http://www.merzig.de
http://www.wolfspark-wernerfreund.de
https://www.facebook.com/WolfsparkWernerFreund/

Einfach gutes Glas

merzig

Werbetexter, Redakteur, Autor
Er lebt und arbeitet in Köln.

Andreas Preysing

Maler, Illustrator, Animation Film
Er lebt und arbeitet in Köln.

Alireza Darvish